2ND GRADE SCIENCE WORKBOOK:
THE UNIVERSE AND THE GALAXY

SPEEDY
PUBLISHING

There are potentially more than 170 billion galaxies in the observable universe. Some, called dwarf galaxies, are very small with about 10 million stars, while others are huge containing an estimated 100 trillion stars.

WORD SEARCH

Search up, down,
forward, backward,
and on the diagonal to
find the hidden words.

M R B Y N R C S Z C B X Y M
A R H O F B P S R Y V A M E
H K A V X A F N A V W I Z T
O N D I C X F R U Y A U Q E
E B E E Z Y N N K R C W J O
X O M L F S R L Y T X Z T R
D V O G W P I A G E H U I N
S S R T C M L M T M K K F O
K H D W L E G A W S J Y H O
Q N K L V F Q N H G M K M
B Q A J A Z A A V E Q E N O
M V E Z H P N C Q M T U G E
A Y G A L A X Y J J S X H S
R F N P G T E M O C W U K M

GALAXY

MILKY WAY

ANDROMEDA

PLANET

SUN

STAR

METEOR

MOON

SPACE

COMET

K F J Q M X Q W Y Q Y M C S
J B O T Q R T J R H N U R C
K I B S O M H I U E T A H T
S N E P T U N E C X M R R P
H A M Z H I R G R L Y I A N
I G T Q N E P E E B T X Q E
R Y L U T U U A M O M F K S
I F B I R B R O N S U N E V
A N P D Z N A X P Y V B I P
N U B K I R N S Z A Q O C N
J O T S B E U M A Q A T J I
B D I R Q Q S G E U X U W K
A K U K A Q V N J Z Q L P W
L L S Z B G U L U A R P H V

MERCURY	SATURN
VENUS	URANUS
EARTH	NEPTUNE
MARS	PLUTO
JUPITER	TRITON

S	I	N	G	O	O	S	E	K	U	I	F	K	R
U	S	W	N	K	R	M	T	M	N	Q	N	T	C
E	F	X	M	U	S	B	B	W	L	J	Y	S	O
L	P	U	L	S	A	R	I	J	F	H	V	C	S
C	A	G	U	U	A	E	L	T	E	X	E	J	A
U	N	V	T	V	R	T	S	A	E	K	T	N	S
N	C	Y	J	M	K	P	Z	P	B	O	O	K	X
E	T	I	L	L	E	T	A	S	I	R	R	Y	Z
S	A	M	O	C	A	K	M	U	O	L	Y	F	K
O	C	B	C	J	A	V	H	C	Q	U	J	C	E	L
L	P	J	S	O	F	V	O	X	J	R	Y	E	Z
A	W	I	A	A	I	N	W	N	H	O	G	U	R
R	H	O	O	P	Y	O	W	X	M	P	U	F	T
P	Q	I	U	S	B	C	P	E	J	K	C	M	D

COMA

CORONA

ECLIPSE

NOVA

NUCLEUS

ORBIT

SATELLITE

SOLAR

UMBRA

PULSAR

A R R P A E K A R A L E O W
D E I M O S U S R H Y D A C
D Y B P K H L R U M B S I R
A A G E N V N E O E U B F G
D P D X H S L T S P T L E J
N S K N C T L O B H A O X W
A I J U H E B C U S Q T R C
R N Z C A O K C X L X Q H P
I O K R H F T E P E C A V U
M P F P J E Q P V V F R J U B
Z E R E E C I U A O T B P U
O T S I L L A C N E Y V W Y
R O Y X K U H C P J I Z H N
M B N K H R B B Q U I O L O

PHOBOS

DEIMOS

EUROPA

CALLISTO

ELARA

SINOPE

THEBE

CHARON

PROTEUS

MIRANDA

O V M Z L K V D E E T G M B
I M C E K T Z W I I A T I W
L E I R B M U N T O A R M S
B R A E H R F A O T N X A Y
A R F T M N N B L R F E S H
M U W H T I T A N A E B Q T
O S P I A R S Z F L T B T E
G S D G Y D J H C I H M O T
T V Q B J D P R C N Y M L J
A R Z R I Z N X G Q L V Y N
C X O O Z V P G K D X S E M
G U X Q U I C E L X X D O U
U D X Y W O Y M W B B H D M
O Z Y Q J X F T K S E Y Y W

OBERON	RHEA
TITANIA	DIONE
UMBRIEL	TETHYS
ARIEL	MIMAS
TITAN	ATLAS

M T E Y H S V D A T C K G E
B P H S M Q U S O S S J N Q
S X G X R Q T P G C E V A B
Y C W U M E S M E W L U B W
A W E N R N V E Q R D D G V
P K U O U N Z I E I N C I U
H B I S T F L L N K A O B L
E D O N K L O O D U G I V V
L S N Q Y H N E B U L A L A
I J B X K E X O S P H E R E
O B H C L L A B E R I F O W
N A A D W S J Q A K D E I D
N L Q K X F P S O T X D N L
B G V K H H H I N H O C Q W F

APHELION	EXOSPHERE
ASTEROID	FIREBALL
BIG BANG	UNIVERSE
BLACK HOLE	SUPERNOVA
NEBULA	SUNSPOT

QUIZ

Read the items carefully
and shade the circle
of your choice.

The path the earth takes around the sun.

- ○ Rotation
- ○ Orbit
- ○ Day
- ○ Axis

What planet do you live on?

- ○ Mercury
- ○ Pluto
- ○ Earth
- ○ Jupiter

What are rocks that have fallen from space to Earth called?

- Meteorites
- Pebbles
- Stalagmites
- Space rocks

What is the hottest planet in our solar system?

- Mercury
- Jupiter
- Saturn
- Venus

In the past, people used ____________ to help them navigate on land and at sea.

- ⚪ rocks
- ⚪ stars
- ⚪ planets
- ⚪ continents

The changing of the shape of the bright side of the moon.

- ⚪ Axis
- ⚪ Phase
- ⚪ Season
- ⚪ Rotation

What is the closest
planet to the Sun?

- ○ Venus
- ○ Earth
- ○ Mars
- ○ Mercury

A group of stars that creates a
"picture" is called a _________.

- ○ bunch
- ○ constellation
- ○ cluster
- ○ nebula

The sun rises in what direction?

- ⦿ North
- ⦾ South
- ⦾ East
- ⦾ West

How long does it take Earth to rotate around its axis?

- ⦾ 1 day
- ⦾ 1 month
- ⦾ 1 year
- ⦾ 1 decade

What is the largest object in the solar system?

- ◯ Jupiter
- ◯ Sun
- ◯ Moon
- ◯ Pluto

The sun is a:

- ◯ planet
- ◯ galaxy
- ◯ star
- ◯ satellite

Which way does Earth rotate?

- ○ clockwise
- ○ to the right
- ○ to the left
- ○ counterclockwise

The moon __________ the sun's light.

- ○ sees
- ○ reflects
- ○ shines
- ○ watches

Gravity on the moon is _______
the gravity on Earth.

- ⚪ greater than
- ⚪ equal to
- ⚪ lesser than
- ⚪ the same as

The Earth rotates
on its _______ .

- ⚪ bottom
- ⚪ axis
- ⚪ orbit
- ⚪ top

ANSWER

```
+ + + + + + S + + + + Y M
+ + + + + + P + + + + A + E
+ + A + + A + + + + W + + T
+ + D + C + + + + Y + + + E
+ + E E + + + + K + + + + O
+ + M + + + R L + + + + + R
+ + O + + P I A + + + + + N
+ + R + + M L + T + + + + O
+ + D + + + + A + S + + + O
+ + N + + + + + N + + + + M
+ + A + + + + + + E + + N +
+ + + + + + + + + + + T U + +
+ + G A L A X Y + + S + + +
+ + + + + T E M O C + + + +
```

```
+ + + + + + + + Y + + + + S
+ + + + + + + + R H + + R +
+ + + + + + + + U + T A + T
S N E P T U N E C + M R R +
+ A + + + + R + R + + I A +
+ + T + + E + + E + T + + E
+ + + U T + U + M O + + + +
+ + + I R + R + N S U N E V
+ + P + + N A + + + + + + +
+ U + + + N + + + + O + +
J + + + + + U + + + + T + +
+ + + + + + S + + + + U P + +
+ + + + + + + + + + + + L + +
+ + + + + + + + + + + + P + +
```

ANSWER

```
S + + + O + + + U + + + +
U + + + + R + + M + + + + +
E + + + + + B B + + + + + +
L P U L S A R I + + + + + +
C + + + A E + T + + + + A
U + + + + + + S + + + N +
N + + + + + + + P + + O + +
E T I L L E T A S I R + + +
S A M O C A + + + O L + + +
O + + + + + V + C + + C + +
L + + + + + + O + + + E +
A + + + + + + + N + + + + +
R + + + + + + + + + + + + +
+ + + + + + + + + + + + + +
```

```
+ + + + + E + A R A L E + +
D E I M O S U S + + + + + +
+ + B + + + R U + + + + +
A + + E + + + O E + + + +
D + + H + + + S P T + + +
N S + + + T + O + + A O + +
A I + + + + B + + + + R C
R N + + + O + + + + + + H P
I O + + H + + + + + + A + +
M P + P + + + + + + R + + +
+ E + + + + + + + O + + + +
O T S I L L A C N + + + + +
+ + + + + + + + + + + + + +
+ + + + + + + + + + + + + +
```

ANSWER

```
+ + + + L + + D + + T + M +
+ + + E + + + + I I + + I +
L E I R B M U N T O A + M S
+ R A E H R + A O T N + A Y
A + + + + + N + L R + E S H
+ + + + T I T A N + E + + T
+ + + + A + S + + + + B + E
+ + + + + + + + + + + + O T
+ + + + + + + + + + + + + +
+ + + + + + + + + + + + + +
+ + + + + + + + + + + + + +
+ + + + + + + + + + + + + +
+ + + + + + + + + + + + + +
```

```
+ + E + + S + + A T + + G +
+ + + S + + U S O + + + N +
+ + + + R + T P + + + + A +
+ + + + + E S + E + + + B +
A + + + R N V + + R + + G +
P + + O U + + I E + N + I +
H + I S + + + L N + + O B +
E D + + + + O + + U + + V +
L + + + + H N E B U L A + A +
I + + + K E X O S P H E R E
O + + C L L A B E R I F + +
N + A + + + + + + + + + + +
+ L + + + + + + + + + + + +
B + + + + + + + + + + + + +
```

ANSWER

* Orbit
* Earth
* Meteorites
* Venus
* stars
* Phase
* Mercury
* constellation

* East
* I day
* Sun
* star
* counter clockwise
* reflects
* lesser than
* axis

www.ingramcontent.com/pod-product-compliance
Lightning Source LLC
Chambersburg PA
CBHW082106130726
48003CB00009BA/3075